Nove Degraus para o Esquecimento

Aguinaldo José Gonçalves

NOVE DEGRAUS
PARA O ESQUECIMENTO

Ilustrações

Efigênia Helu
Geraldo Matos
Sebastião Rodrigues

Copyright © 2017 Aguinaldo José Gonçalves

Direitos reservados e protegidos pela Lei 9.610 de 19 de fevereiro de 1998.
É proibida a reprodução total ou parcial sem autorização, por escrito, da editora.

Dados Internacionais de Catalogação na Publicação (CIP)
(Câmara Brasileira do Livro, SP, Brasil)

Gonçalves, Aguinaldo José
Nove Degraus para o Esquecimento / Aguinaldo José
Gonçalves. – Cotia, SP: Ateliê Editorial, 2017.

ISBN 978-85-7480-761-4

1. Poesia brasileira I. Título.

17-02294   CDD-869.1

Índices para catálogo sistemático:
1. Poesia: Literatura brasileira   869.1

Direitos reservados à
Ateliê Editorial
Estrada da Aldeia de Carapicuíba, 897
06709-300 – Granja Viana – Cotia – SP
Tels.: (11) 4612-9666 / 4702-5915
www.atelie.com.br / contato@atelie.com.br
2017
Printed in Brazil
Foi feito o depósito legal

Ce toit tranquille, où marchent des colombes,
Entre les pins palpite, entre les tombes;
Midi le juste y compose de feux
La mer, la mer, toujours recommencée!
O récompense après une pensée
Qu'un long regard sur le calme des dieux!

PAUL VALÉRY, *Le cimetière marin*

SUMÁRIO

Um sol emergiu 13

Ampulhetas finas 17

Até a caída da noite 19

a solidão agoniza 23

na encruzilhada da luz 25

ter vivido tanto 27

tirar esses vestígios 29

Aquele bule vermelho 31

deste ponto vejo 35

E deste ponto 37

escorre pelos vãos do asfalto 39

tempo selvagem 41

Tom entretom 43

Eles (os pombos) 45

as marcas mais expressivas 49

perderei nesta alegoria 51

Sombras vãs 53

Passadas abertas 55

Minha identidade 57

Precisa ao ser imagem 59

Agônica força 63

Idêntico. Na mesma forma 65

Idêntico. No dessemelhante 67

não é assim 69

o que me leva 71

Uma vermelhidão 75

Assim, Na emolduragem 77

essa compulsão aos pedaços de signos 79

é isso tudo que me faz 81

Tenro autorretrato com bacon frito 83

pela identidade me desfaço 85

na tua presença 89

em plena luz 91

em cegueira 93

quem será esta silhueta 95

na tua ausência 97

obrigo-me a recuar 99

Ditirambo 103

Estrito naufrágio de Rimbaud 105

Em mim em ti 109

Dói na vida 111

Minhas mãos 113

Eu aqui me inscrevo 115

À textura de meus sentidos 117

Com que matéria-prima 119

Natureza-morta com bule azul 121

Autorretrato 125

registro neste documento 127

A única moldura 131

Está difícil escrever 133

Eu escrevi minha história 135

NOVE DEGRAUS PARA O ESQUECIMENTO

Um sol emergiu no alto de minha cabeça
E foi penetrando para dentro de meu corpo.
Era meia-noite com ponteiros sobrepostos.

O sol eclodiu mais amarelo e redondo do que nunca.
Atravessou meu cérebro, meu rosto, avermelhou meus olhos
que se tornaram brasas incandescentes.

Tornei-me sol em plena meia-noite.
Ele engastalhou no meu esôfago
E de lá não saiu por muito tempo.

No estômago se fixou e dominou todo o tórax.
Enchaquetado de raios, o sol se tornou minha férvida prisão.

Um sol rasante e sonolento
Dominou meu corpo inteiro.

A vividez dos raios se estendeu por minha pele
Mantivera-se incendiando meus órgãos:
Transformara meu intestino numa placa quente
E meu coração em íngua recheada de sangue.

Ampulhetas finas entre palhas
Nesta medida parca de meus dedos
Mirando no limite do intangível
As mesmas forças do esquecimento

Lâminas da memória recomeçam
O debulhar das formas e das cores
Nesse prenúncio do tom em formas retas
Para recortar pressentimentos

Inexatos volteios que se partem
Em curvas de perfis enovelados
Assim mesmo em cipós eclipsados
Com nuvens baixas com marés recuadas

Buscarei nesses remansos um a um dos movimentos
Um a um do entrecho de uma cena
Esquartejarei o silêncio
Depois de reunir farpas de seus contornos

Moverei as minhas mãos e entornarei o licor
Sobre a toalha branca – com vestígios do passado
Reunirei as migalhas de pão e me debruçarei sobre tudo
Com a vontade de quem nunca viu o mar.

Irei ao som do sol enegrecido pelo arvoredo
Tocarei as sombras que se expandem sobre a estrada
E vivificarei as perdidas esferas do vazio
Ao som de Debussy no claro tom da lua

Reunirei todos os polos todos os pelos e unhas mal cortadas
Deflagarei os anti-heróis na tarde morna
Recortada em porções e posta em cubos de acrílico
Para servir aos esfaimados num domingo de maio

Chamarei a perícia e evocarei todos os mistérios
Se necessário for. Reuni-los-ei no final da tarde,
À sombra de macieiras em flor. Traçaremos os planos
De procura. Com firmes propósitos de atingir o alvo

Até a caída da noite. Depois que tudo estiver composto
No entreposto das entranhas, saindo já o tom cerúleo
Pelas chaminés dos encantados, nos sentaremos à volta
Da grande fogueira e tomaremos vinho e comeremos
Às fartas e jogaremos cartas e depois nos deitaremos na relva
E ficaremos olhando para o desenho longínquo das estrelas.

Em tramas de gravetos, de capins e de formas ocas
Compõem-se as grandes manchas nos beirais da estopa
Ou no mineral descoberto e disposto aos graxos do improviso
Reaviso do princípio e das absolutas formosuras
Reavivo a disposição ao reduto do impreciso,
Como se ao desmanche ficasse na impregnação dos mastros
Da incerteza e do compasso do ir entre inebriantes passos
Mesmo que no compor os gravetos se desfaçam
E ao desfazer-se fica outra forma em linha reta.

Da mescla à alquimia a matéria se dispersa
E forma um outro retrato do desenho em outro espaço
Agora em linhas curvas; agora em decomposto
A composição se embate na estampa de outro retrato
Como prenúncio do medo de virar-se a qualquer preço
Em finas linhas de vidro como se forma um regaço
Do avesso em contraponto forma o direito em hiato
Do sol posto aprisionado no desmanche do entrelaço
Monet se desacorçoa com as duas mãos para o alto.

Com as duas mãos para o alto os extremos se confundem,
e o que se compunha ao fundo, na frente desaparece,
parece que se dispõe, às margens das linhas mestras,
o resgate do disforme para conformar-se ao posto.
Ramagens agora são linhas, são quase imagens que pairam
Pairam além de todo o engano que resgata o imponderável
Realiza-se na moldura e na moldura se engata,
Como o princípio do mito sem certeza e sem verdade.

a solidão agoniza ao sol levante
e se revitaliza ao sol poente
é fabricada por fina linha
em matizes de Monet nas ninfeias desmanchadas.
Refina nos seus olhos o tom da morte,
atinge os ossos,
e neles ganha formas menos tristes:
a solidão tem uma face muito simples
lembra
camisa de algodão
bastante usada, e já rústica
que se veste ao se querer não ver mais nada.
com a solidão renuncia-se à vaidade
e aos molhos de tomate muito fortes
paramos de olhar por sobre o muro
e não queremos rir de quase nada.

na encruzilhada da luz
uma pausa para o gesto
nessa fotografia pálida de sonhos
e nesse prisma de angústia.

ter vivido tanto esse fio
ter perdido o fio na cestinha de vime
entre agulhas finas e outros fios
é esperar a próxima ponta
que se embate no tecido
e fica ali à espera de uma forma
para que possa passar à moldura
e pronto.

tirar esses vestígios sem macular a matéria-prima
(a mancha de licor na toalha branca)
lixar sem lixar marcando cada poro
como se fosse um fóssil da memória oca de lembranças
deixar ali como um peixe vermelho de Henry Matisse
          na rouca vermelhidão da substância inerte
     tirar mais do que resgatar segredos inaudíveis
   mais do que o choro pela pele raspada
após a queda

AQUELE BULE VERMELHO

aquele bule vermelho sobre o aparador
(com um pequeno descascado na tampa de ágata)
    silencioso
sacrificar o silêncio
resfolegar pelas imagens perdidas
o descascado da tampa
o silencioso vermelho
ressoado em cada tom melódico
contrariando pelo infinitivo essa evocação
igual à tentativa da mão direita no gesso ou na argila
    acreditando se sentir pela primeira vez
        a primeira vez

deste ponto vejo emergir os sons do tempo
abafados e espessos como chumaços de algodão molhado
o tinir constrito dos fios de cobre
na vermelhidão das elevações da memória.
nos vãos da hora ficam placas de amianto
para conservar o fino talhe da navalha
e bem para lá o prado o encantado
    se estende o prado além do prado

E deste ponto vejo pontos que se agregam
se ajuntam como perninhas de formigas mortas
que mesmo mortas enfiam seus ferrões
na epiderme do sono
na estrutura do osso
e ali permanecem para sempre
preparadas para desfocar
os pontos de equilíbrio.

escorre pelos vãos do asfalto
essa nódoa antiga que pontilha minhas veias e meus silêncios
emerge da terra vermelha das telhas caídas e da fome.
hirto é o estado do segredo sem eira e sem danos
hirto é a indomável preponderância do anonimato
desenhado
pela boca desdentada
pela pueril fraqueza da frágil coragem de matar
de escancarar seus danos ao pôr do sol.

tempo selvagem destilador de limalhas
(indivisas)
Deixam nossos gestos e nossos olhos congelados de dor
como se delas fôssemos escravos para a eternidade
em vida sempre em corpo morto detido no caixão
continuassem mais temerosas que o estado inerte
mais temerosas pelo estado inerte
ali prostrado sem qualquer juízo
ali penetrante mais que a fôrma da morte coroável
mais que um jasmim deposto em formas murchas no vaso de pedra
sabão

tempo selvagem

Tom entretom pé ante pé visgo de chumbo
(no quase passo)
Os pombos
Cujos bicos se enlaçam nos cipós secos dos barrancos
Mesmo que esses pombos arrulhem em dias mornos
Num vasculhar de migalhas e de vestígios
Mesmo que esses vestígios conduzam a vãos caminhos
Entre pedregulhos e miragens loucas
Por desconhecidas desventuras
Que movem nossos pés em húmus tenros

Esses arrulhos insistem nas torturas
De nossas horas vertebradas e distantes
Em que a fome do arremedo verte em gotas
De fontes da matéria que sustenta
Essa mentira tão arregalada das vontades
Perseguidas pela vã fraternidade.
Mesmo que dos indícios surjam formas
Delas o desenredo se evapora.

Que estranhos passos desses pombos
Deixando sinais que não denunciam nada claro
Apesar de clareza do obscuro
Que em *crayon* delineia o ponto incerto
Vestígios são vestígios e são vagos
Mas são reveladores dos sentidos
Vividos e escondidos nos formatos
Do tempo revelado em descompasso

E são eles (os passos) que evocam
A primitiva lembrança de outros passos
Em que repousavam os escombros
De uma imemorial composição
De fraturas próximas do medo
E recompostas no quadro em tinta sobre tela
Com traços muito próximos de anzóis
E com a fome mais voraz das fontes de prazer.

Eles (os pombos) se esquivam no telhado
E ficam arranhando as laterais
Da tulha. Dali eles saltam para os beirais sem eira
Para os parapeitos e platibandas dos casarios desertos
Ou cobertos pelas heras de destino incerto
E depois, vão às ruas, aos largos, às praças
E ficam lá, como se nada soubessem
Ciscando fiapos, andando pé ante pé.

Ao buscar o controle de meus pés
Faço de mim um compasso sem destreza
Meus gestos se emaranham nos meus gestos
E indefeso giro em torno de mim mesmo.
Desatento de mim e em mim contrito
Fito o desenho de meus medos
Sem poder perdoar a quem concedo
O poder de me conter sob o degredo.

Desmanchando a metáfora do *continuum*
Revigoro neste espaço, o anagrama do símile
Dentro de seu contrário, o junto a junto do distinto
Imprimindo o seu avesso, no contexto da imagem.
Assim, o nicho do deus composto
Determina o ninho do tosco graveto decomposto
Palumba columbiforme, esses pombos goros
Bicam, com seus bicos de cera, os filetes da memória.

Ciscos gralhas gravetos fios de cipó
Pinçados pelo bico de cera do instantâneo
Mais que fotografar desmancha a foto
E a reproduz no seu positivo em formas débeis
Pelos ciscos de sensações e de fios de tempo
Vislumbra-se o inusitado igual na tela
A mancha posta ao acaso gera forma
E desta forma o sentido se revela.

as marcas mais expressivas de mim
são cartazes de filmes inexpressivos
o último Truffaut e as comédias despidas de humor
minha face se estatela frente ao muro
e o muro não se desfaz depois do temporal
quero as relíquias que se escondem no baú
quero dentes de alho
e formas mal cosidas

perderei nesta alegoria todas as minhas forças
mas sairei ileso das fímbrias do desconsolo
demoverei dessas linhas a minha inocência
para que possa emergir um vazio de consciência
um vazio de vontades e de tons menores
que só a vida pode ofertar.
bem mais que a vida resta a imagem posta à prova
que ficará sempre na ignomínia da miséria.

Sombras vãs nestas vãs paragens dos dias
Em cachos mornos de cerúleo traço
Recompõe na analogia a ilusão do tempo
E decompõe no sonho a dimensão do mito.
Mesmo na imagem crespa da cor e do perfume
Mesmo no recomeço deste tato e deste sentimento
Antigo. Mesmo assim as sensações disformes
Se amalgamam no extremo; no princípio inerte.

Passadas abertas nos beirais longínquos
Do areal perdido em ondas de espaço e medo
Ao vento e aos olhos os grãos de areia cedem
E a visão perdida e alterada invade
O referente tosco de todas as fagulhas finas
Sobem no espaço e deflagram o engano
De parecer perdido nas molduras vivas
De pedaços de coisas; de pedaços de vida.

Minha identidade se traveste
Entre ramagens obscuras e fibrosas
Reveste-se e negaceia como serpentes no Verão
Farejando presas sem ciciar entre arbustos.
Por mais que ela busque o campo claro
Por mais que ela crê delinear as formas,
Minha identidade se disforma
Para inventar secretos e obliterar passagens.
Por isso ela se inventa na metáfora
Ao conformar-se como inexata e singular
Composta de sucatas e de vozes
Minha identidade é um pouco atroz.

Precisa ao ser imagem,
Imprecisa ao ser real,
A minha identidade é um vagar com os olhos mornos,
Rotundos e sensuais pelas paragens das avenidas,
Idas pelo desconsolo da madrugada,
No luzidio vazio das linhas de trem,
Pelos esconderijos da meia vontade,
No não saber das partes de meu composto,
É um ir por entre as ramagens
Mas um ficar estatelado entre um muro alto
E uma escultura abstrata.
Minha identidade é um não reconhecer-se
Deixando-se esfregar no desconhecido,
E nele se espelhar em face crespa.

Agônica força que arrasta nossos passos
Entre sementes de abóbora e de girassóis
Que nos deixa ali, mesmo ali, sobretudo ali,
Entre vetos e desejos ancestrais
Na infinita miséria desse vazio irrestrito
Que identifica nada do nada
Em imagens imemoriais.

Idêntico.
Na mesma forma e na mesma sintonia
De inventar-se assim por dentro e fora
No delineio do mesmo afugentar-se
Que revele a textura dessa elegia
Dislexia sem voz e sem fisionomia
Requer da fotografia uma outra moldura
Obscura, do desenho esfumaçado do mim mesmo,
Espaçado, o tom maior no meneio quase crepuscular,
quase a mesma quarta-minguante de outono,
Entre folhas iguais, amarelas, ou quase iguais,
– desamarelas –
Recomeço, em manchas de marrom
– desapontadas – em tom menor
Olhando para o azul contínuo do céu
Em finas fitas de fios que se entrelaçam nos olhos
Os mesmos olhos que fitam a toda a prova
Que se renova idêntica no puro azul da lua nova.

Idêntico.
No dessemelhante dessas formas
Nos destituímos daquele vislumbrar de tuas linhas,
Que retinhas na retina, um não sei quê de decomposto
Buscamo-nos com as mãos tocar nossa igualdade
Mas o recuo se deu na hora exata
Em que a lua alterou o seu composto
Entre nuvens que cortavam essa linguagem,
Sacrilégio retórico dos côncavos desvãos
E assim a cada tentativa de um toque ao mesmo
Outro toque maior nos fere a distância maior que nos separa.
Idêntico. No semelhante desses mistérios
Eu é que vasculhei entre signos recompostos
O que não conseguimos iluminar nas trilhas de nossa identidade
Não seria com as mãos que alcançaríamos o ponto exato
Pois é a linguagem que recria o gesto
E é na linguagem que me instigo incerto.

não é assim.
a única certeza que tenho é essa: não é assim
anima o contraste em forma oracular
e pronto: desfoca tudo.
sem torneio do ângulo esquerdo,
e sem os delineios do ponto fixo.
cravo o retalho
e recolho nexos
sem postura factual.
para perder-se ainda mais:
inexatidão dos traços
como uma natureza morta
sem frutas furtivas nas delimitações do imponderável.
o esboço do rosto, o inacabado.
a ranhura da orelha – transfigurada,
(daí correta).
mas o rosto.
       otsor. sol. o composto sombreado da luz.
para trás a sombra
e o rosto em direção da luz.
reluzente cegueira que oculta o rosto
e as feições do vir-a-ser. torso do inacabado.
rotos pontos de compleição.
toco meu rosto: sou outro.

o que me leva a erigir uma forma assim tão rota
é unir vidrilhos e cacos de ladrilhos e fibras de amianto
salpicados de cal viva
e outros tantos fragmentos de resíduos
que me fazem dispor a um composto
em que o ressentimento se fabrica
mesmo que na raiz exista a pedra bruta
e resista ao fogo e ao pressentimento

Uma vermelhidão lá longe se espalha
Para, como nos pincéis de Mondrian
Se concentrar no vermelho do *moulin rouge*
E verter gralhas do passado ao longe-perto
Dessa goma de mascar
Tão ida e tão vinda na fina marca da saída
Para o indesejável porvir que é a morte finda
E para o eterno desejar da vida-ainda.

Assim,
Na emolduragem que delimita os vãos mistérios
Da forma que reconstrói as dores idas
Da substância que paira em terra estéril
Mesmo que nessa direção o vento agite.

Assim,
Sensações ruidosas incomodarão os meus sentidos
Moucos, entre poucas opções de formas mortas
Mas que vivas rumorejam entre as velhas capelas
Entre sinos errantes e mosteiros solitários

Essas sensações vasculham nosso sono
No arremedo da morte em velhas notas musicais
Palumba columbiforme, esses pombos goros
Bicam, com seus bicos de cera, os filetes da memória.

São eles com os mesmos pés e os mesmos bicos
Que vasculham os gravetos e desformam as folhagens
Para formar o retábulo de esquecidos retratos
Com seus corpinhos tão leves e seus olhinhos tão ternos

Esses animais tão infensos ao rosnar do tempo
Bicando aqui e ali nos paços das igrejas ou nos currais de bois
Vislumbram, pois, na sombra, fragmentos de poético
Aspectos de forma que examinam como risco

De ferir a harmonia de seus ninhos de seus nichos
Mensurando cada cisco que se encaixe no espaço
Construindo os intervalos da forma de seu compasso
Passo a passo nessa linha em sintonia desfaz-se

essa compulsão aos pedaços de signos,
colando-os aos poucos,
amalgamando-os com o fino bisturi dos cirurgiões,
incluindo excremento,
terra e fiapos de algodão molhado,
e unhas, muitas unhas muitas unhas
nessa construção do indefinível,
demovido pelo medo de voltar
a essa forma longa e delinquente,
que se apodera do tempo e da vontade

é isso tudo que me faz perfurar a terra
e fazer surgir diante do poente,
um signo complexo, um sol pungente,
com feições de esfinge,
que olha para o sol e fica mudo.

TENRO AUTORRETRATO COM BACON FRITO

estacas que amparam meus sentidos
nessa inesgotável carência de tocar com os olhos
de beber com as mãos descarnadas de arranhar com o queixo
ensanguentado cuspindo
olho por olho como azeitonas pretas
como "besouro de ônix" como jabuticabas sem caroço
estacas sobre as quais eu me apoio
ou apoio o meu crânio e o corpo inteiro
pela indefinição do conteúdo
ao esculpir-me resta muito pouco
dessa cratera vazia, desse esqueleto frio
com olhos vazios ou sem os vazios dos olhos
ser o que sou é ser a boca oca e a fome grande
tendo, ao alcance do nada,
bacon frito com torradas aquecidas.

pela identidade me desfaço
e nela reconheço meus pedaços
em cascas sobre cascas espalhadas
ou, em folhas recolhidas
em forma de repolho
olho pelas frestas e me vasculho
enveredo às vezes por atalhos
risco-me das ramas e dos espinhos
e atravesso os trechos mais tortuosos
com a esperança da clareira em noite alta
depois de desfolhar as folhas
e pisar sobre as cascas que se soltam
fico olhando para tentar ver o que me resta
do simulacro de mim
dessa sensação de pulsar
em alguma instância do si-mesmo
algo de mim. Mas o estar-aqui estando ali
finca estaca. E eu fico assim. Quase absoluto.

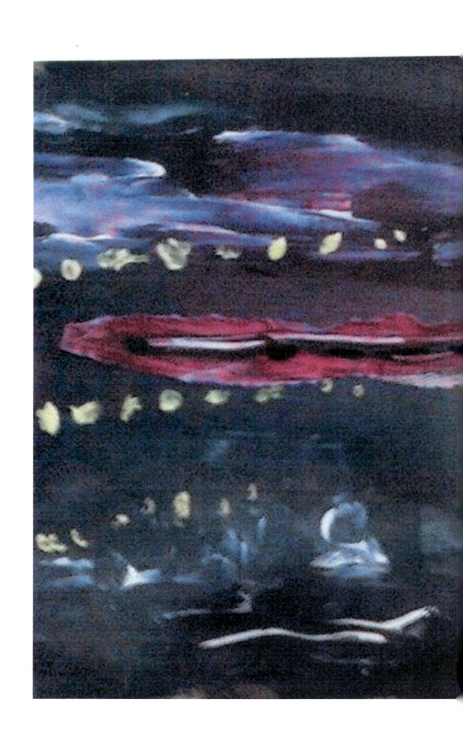

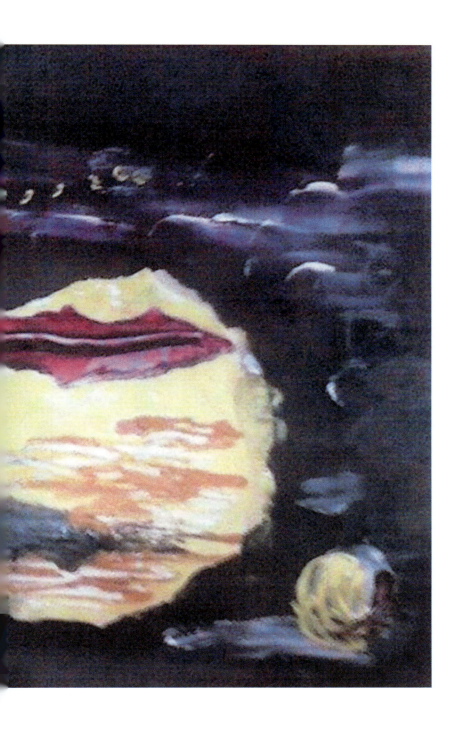

na tua presença me dissolvo. converto-me.
algo em mim, pluriforme, se aquieta.
e se volve todo, se deforma
assim no risco de cortar a própria língua
se enforma da matéria ali disposta
para estrangular o cérebro
e morrer à míngua em plena luz.

em plena luz, a turva ausência.
do que pensei ser eu
resta tua imagem deformada
e nela embriago-me.
em demência passageira
curvo-me a uma ignóbil forma
dissolvida, corroída,
movente.

em cegueira me extravio
das sensações dessa miragem.

quem será esta silhueta que diz e contradiz
numa espécie de farfalhar entre arbustos?
quem será esse vozerio que implode,
eclode e aliena num mormaço de previsões da alma?

Minhas mãos tentam tocar o real.

na tua ausência resta o frêmito eco de meu silêncio
silêncio que erra em deserto sem areia na infinita solidão.
no alhear-me infindo desse vão pressentimento
ao qual não é possível retratar-me.

obrigo-me a recuar
com turvos olhares
identifico-me em teus pedaços
e recolho
(mãos frias e pés descalços)
cada filamento de teu gesto
resto de mim em potes de porcelana
numa bandeja a cabeça;
na outra: a maldição dos signos.

Numa falsa biografia me esfacelo:
Versos claudicantes
Temperos descabidos nos membros superiores
E nos inferiores melhor uma muleta de marfim

Sonetos sem pés nem cabeça
Pé ante pé me arrasto em ladrilhos frios
Com fios de açafrão e dor de estômago
De quartetos mal cozidos.

Quando tento me biografar com fingimento
Intento ao único olho de Camões
Que espia cada fonema em cada canto,

Reajo, então, ao mais que me sustento,
Para matar-me, Amor, em tão sangrento engenho:
Que vem, não sei como e dói não sei por quê.

DITIRAMBO

Nos olhos de meu amor
O sol está entreposto
Com raios de sol-levante.

Nos largos olhos de minha dor
O sol reina entreaberto
Oscilando em cada raio
As finas fibras do tempo.

ESTRITO NAUFRÁGIO DE RIMBAUD

Quero escrever um poema que verseje pouco
E que mantenha de si mesmo apenas cascas finas
E que nenhuma amêndoa seja decifrada como amêndoa.

Quero escrever um pouco sem o mim que lateja em noites findas
Mas que o eu não persevere em dias claros.

Que os metais brilhem sem vontade:
o ouro o bronze o ferro e outros mais
sejam revestidos de amianto com suas fibras
Incombustíveis.

Ei de escrever um poema, sufocado,
(entre águas)
Agarrado à camisa de Rimbaud.

Nas escarpas de sua ira sem forma
Os versos de Rimbaud ressoam uma tristeza
Informe e sem alento.
O barco bêbado e suas estadas no inferno,
Mesmo que apenas numa estação,
Miraram o indesejado punhal
Para ser mais certeiro no seu próximo tiro.

Em mim em ti brilha de forma sonâmbula
O cognome da vontade
Vendo as cascas de frutas
Já podres no lixo
Revivo o rastelo sem cabo
E o sentimento de dor
Ventanias do passado
Um velocípede enferrujado
E um ardor de bronze derretido
Sobre o peito.

Dói na vida tanta luz: impõe filtros.

A realidade se move aos meus pés
E a perco no tropeço do obstáculo.
Exige de nossas pernas
Um olho.
A imagem se dilui e a luz obscurece
Agarro a forma do desenho
E a retina desfoca o ponto certo.
Claudico nas mãos nos pés no corpo inteiro
A mácula infla
E o mundo se esvai como fagulhas na peneira.

Restam-nos as categorias da cor do som do mover-se
Das formas que delineiam nosso toque
Restam-nos o sabor de tocar
O fino vestígio da luz
Que não cessa de brilhar.

Minhas mãos tateiam zonzas
Por meu rosto.
E tentam arrancar dele tatuagens
Invisíveis.
Minhas mãos querem apenas aquele rosto
Composto de ingredientes conhecidos.

Minhas mãos vagueiam com foco sem luz
E começam a arrancar o resto de uma roupagem
Perfura com as unhas a pele
Que sem resistência se oferece
Ao desmanche do inconcebível.

Eu aqui me inscrevo
Nos ranhos desse escrito
Nesse espaço
Riscos e rabiscos feitos de cera
Buscando o desenho de meus dedos
O contorno de minhas unhas enfim
A fisionomia detida no espelho
Esbugalhado por uma pedrada
Como um tiro dado no escuro.

À textura de meus sentidos
Se assemelham tantas coisas tantas
Imantadas com azeite e com cera
Ainda enlatadas e trancafiadas
Em velhos armários.
De meus olhos fios de arames se sobressaltam
Em ígneas formas de construir as coisas
e desfazer os contornos da lembrança
e disformidades discretas.
A textura de meus sentidos
A textura de meus sentidos
Edouard Munch me olhou e fiquei mudo.

Com que matéria-prima posso encontrar
O desvio que eternizou meu silêncio?
Os graxos
Os fachos de luz
A dor.
Busquei no traço de Matisse a moldura
Que delineia essa quase febril alma inquieta
Mas em Matisse recebi o fio espesso
Que o tempo maculou em sua medida.
Vasculhei outros nichos em outros cantos
E fui encontrar no fustão branco
O pedaço que embalou o meu viver.

NATUREZA-MORTA COM BULE AZUL

na vitrine
aquele bule azul anil de ágata.
rodeado por quatro xícaras da mesma cor.

a loja era plena de objetos rústicos:
canos, elementos de ligação para funcionamento de coisas,
válvulas para fogão,
material pesado para complementar utensílios:
regador para jardim, mangueiras d'água, rastelos, vassouras especiais,
capachos
(para entradas de fundo)
bombas torneiras para quintal panelas de ferro caldeirões enormes.
E lá estava ele,

aquele lindo bule azul anil e as quatro xícaras de ágata.

AUTORRETRATO

de um certo poema em que tentei retratar-me
quase nada restou:
graxos, caligramas de um sussurro
(quase evidentes)
e derramamento do plasma.

como retrato do mim
consegui manter
os veios sob a pele
a pele
da pele o dentro da pele
em que reside o retrato
desta esfera tênue.

para biografar-me
restaram fios de cabelo
e o desenho de meus olhos
crivados de silêncio e ausência.

na radiografia do silêncio
delineio minha identidade
e com minhas próprias mãos
toco-me.

registro neste documento antigo,
as marcas que herdei, as formas que aprendi –
pedaços de mim: esboços, desenho de letras,
formas inacabadas de palavras,
pedaços de vozes,
aprisionamento de trechos em agonia,
tédios ruidosos, sem compasso.
E mesmo assim, trôpego, vazio,
resta um ritmo que soa intermitente,
inscreve-se e delineia as finas curvas
que minhas mãos traçam.
Estas inscrições
(resíduos de grafite decomposto)
deixam o substrato da lembrança
em forma de hieróglifo,
de vagas marcas, ou gotas de ruína.

A única moldura deste retrato
Os cupins estragaram entre potes
Quebrados e trapos
Usados na última limpeza dos pincéis.
Por isso, das entranhas da imemorialidade
O zunido de tilintar de taças
Se ouve como foram, e foi o fundo do lembrar
De nada que vasculhe as cascas e as crostas
Do sentido de ser posto no interior do jarro azul.

Está difícil escrever sobre esta crosta
(antiga e ondulada de imagens perdidas)
Restos de versos e rimas superadas
Que querem soerguer aos pés quebrados
Esses tropos impedem a fluência
E os molejos ritmos clau-
dicam em duros restos e ossadas
de palavras;
e sentimentos oblíquos murmurantes
e movem sua voz entrecortada.

Eu escrevi minha história num lastro de signos,
Destituídos de enganos,
mas carregados de cadáveres disformes.
Com a pena na mão direita e o punhal na esquerda,
Fui deixando sequelas na folha em branco,
Emoldurada com quadramentos sem véu.
Eu escrevi minha história,
(com o perdão da palavra),
No inter*vale* dos hieróglifos
Entre sombras do esquecimento.

Título	*Nove Degraus para o Esquecimento*
Autor	Aguinaldo José Gonçalves
Editor	Plinio Martins Filho
Produção Editorial	Aline Sato
Capa	Ateliê Editorial (projeto)
	Sebastião Rodrigues (ilustração)
Editoração Eletrônica	Camyle Cosentino
Ilustrações	Efigênia Helu (pp. 15, 21, 33 e 47)
	Geraldo Matos (pp. 60-61, 72-73, 86-87 e 100-101)
	Sebastião Rodrigues (pp. 107, 123, 129 e 137)
Formato	18 x 27 cm
Tipologia	Bembo
Papel	Couché Fosco 90 g/m^2 (miolo)
Número de Páginas	144
Impressão do Miolo	Bartira
Impressão da Capa	Nova Impress
Acabamento	Kadoshi